Jutta Schütz

wurde in Lebach (Saarland) geboren.

Mit ihrem ersten Bestseller "Plötzlich Diabetes" (2008) gilt die Autorin bei Kritikern als Querdenkerin. 2010 startete sie mit ihren Gesundheitsbüchern ihr Pilotprojekt in Bruchsal und später bei der VHS in Wolfsburg. Schütz schreibt Bücher, die anspornen, motivieren und spezielles Insiderwissen liefern. Sie hat bis heute über 75 Bücher geschrieben und an vielen anderen Büchern mitgewirkt. Zudem hilft sie als Mentorin und Coach vielen Neuautoren bei der Veröffentlichung ihrer Bücher.

Als Journalistin schreibt sie für viele Verlage und Zeitungen. Ihre Themen sind: Gesundheit, Psychologie, Kunst, Literatur, Musik, Film, Bühne, Entertainment. Weitere Informationen zur Autorin und ihren Büchern findet man in den Verlagen, auf ihrer Webseite sowie im Kultur-Netzwerk.

Mehr Infos finden Sie auf der Webseite:

www.jutta-schuetz-autorin.de

www.die-gruppe-48.net/Funktionstraeger

Inhaltsverzeichnis
30 Rezepte

Inhaltsverzeichnis

© **2017 Autor: Jutta Schütz (1. Auflage)**
© 2017 Buchsatz, Layout, Buchgestaltung
© 2017 Buchidee: Jutta Schütz
www.jutta-schuetz-autorin.de
E-Mail: info.jschuetz@googlemail.com

© **2017 Herstellung und Verlag:**
BoD – Books on Demand, Norderstedt
ISBN: 9783744834117

Bibliografische Information der Deutschen Nationalbibliothek:
Die Deutsche Nationalbibliothek verzeichnet diese Publikation in der Deutschen Nationalbibliografie; detaillierte bibliografische Daten sind im Internet über http://dnb.d-nb.de abrufbar.

MIX
Papier aus verantwortungsvollen Quellen
Paper from responsible sources
FSC® C105338

Jutta Schütz

LOW CARB Fingerfood

Die kohlenhydratarme Küche

Low Carb Infos

Kurz und knapp zusammengefasst

Low Carb (LC) ist ein englischer Begriff und bedeutet: „wenig Kohlenhydrate“. Es geht darum, die Kohlehydratzufuhr in der täglichen Nahrung deutlich zu reduzieren.

Es gibt sehr viel Literatur zum Thema Low Carb – ob Anhänger oder Gegner der LC-Ernährung, die Sachverhalte werden unterschiedlich beschrieben. Eine „Kohlenhydratarme Ernährung“ korrigiert den gestörten Stoffwechsel und hilft das Übergewicht zu verringern. Der Blutzucker wird durch diese Ernährungsweise stabilisiert. Diese Art der Ernährung entlastet den Körper in vielen Bereichen. Bei einer Reduzierung der Kohlenhydrataufnahme wirkt sich das nicht nur positiv auf den Blutzuckerspiegel aus, sondern auch auf die Bauchspeicheldrüse. Sie schaltet bei der Produktion des Hormons Insulin einen Gang runter, dadurch wird die Gefahr gebannt z. B. an Diabetes zu erkranken. Eine „Kohlenhydratarme Ernährung“ bedeutet: NICHT auf Kohlenhydrate völlig zu verzichten. Diese Ernährung steht für eine verminderte Aufnahme von Kohlenhydraten. Die Befürchtung, bei der Ernährungsumstellung eine Mangelerscheinung zu bekommen, kann widerlegt werden.

Die Ernährung wird bei folgenden Krankheiten eingesetzt:

Diabetes Typ 2, Rheuma und Gicht, MS (Multiple Sklerose), Migräne, Verstopfung & Blähungen, Sodbrennen, Krebs, Epilepsie, Übergewicht/Adipositas, AD(H)S, Magen- & Darmgeschwüren, Reizdarm, Schizophrenie, Parkinson, Alzheimer, Autismus, Wechseljahresbeschwerden, Pubertät, Entzündungprozessen der Schleimhäute, Hautausschlägen & Akne, erhöhte Cholesterinwerte.

Rezepte

Alle Rezepte sind für ZWEI Personen

Knoblauch-Hackfleischbällchen

➢ **Zutaten:**

500 g gemischtes Hackfleisch

1 Ei

3 EL gemahlene Mandeln

4 EL getrocknete Feigen

1 kleine Zwiebel würfeln

2 EL gehobelte Petersilie

5 Zehen gehackter Knoblauch

1 EL scharfer Senf

3 EL Olivenöl

½ TL Pfeffer

1 TL Salz

2 Prisen Muskat

➢ **Zubereitung:**

Petersilie fein hacken, Zwiebel schälen und fein würfeln. Feigen klein schneiden und den Knoblauch schälen und pressen. Fleisch und alle Zutaten (nicht das Öl) miteinander in einer Schüssel mischen und zu einem Fleischteig verarbeiten.

Mit den Gewürzen abschmecken und aus dem Fleischteig Hackfleischbällchen formen. Pfanne heiß werden lassen, Olivenöl dazu geben und bei mittlerer Hitze die Fleischbällchen braten.

Hackfleischbällchen auf Eisbergsalat

➢ **Zutaten für den Salat:**

1 Eisbergsalat

4 EL Zitronensaft

1 EL Honig

½ TL Paprikapulver (scharf)

½ TL Kurkuma, 1 TL Currypulver, ½ TL Schwarzkümmel

½ TL Salz, 2 Prisen Pfeffer

2 EL Olivenöl

1 EL Sonnenblumenöl

➢ **Zutaten für die Hackbällchen:**

500 g gemischtes Hackfleisch

2 Knoblauchzehen

1 Zwiebel

1 kleine Möhre

1 TL Salz, ½ TL Pfeffer, 1 TL Currypulver

2 EL Olivenöl

➢ **Zubereitung für den Salat:**

Eisbergsalat waschen und in Stücke rupfen. Alle Zutaten gut verquirlen und den Salat damit anmachen. Auf 2 Tellern verteilen.

➢ **Zubereitung für die Hackbällchen:**

Möhre, Zwiebel und den Knoblauch sehr fein schneiden. Hackfleisch, Möhre, Zwiebel, Knoblauch und die Gewürze mischen und kleine Bällchen formen. Pfanne heiß werden lassen, dann das Öl dazu geben und die Hackbällchen zirka 20 Minuten durch garen. Die Hackbällchen legt man auf den Salat.

Hackfleischbällchen mit Tomatensalat

> ➤ **Zutaten für den Tomatensalat (Dressing):**

3 große Fleischtomaten

1 Glas schwarze Oliven (entsteint)

1 Zwiebel

½ Bund Petersilie

250 g Natur-Joghurt

2 EL Sesam

1 TL Sambal Oelek (Chilipaste)

2 EL Zitronensaft

1 Prise Kreuzkümmel

1 TL Salz, ½ TL Pfeffer

> ➤ **Zubereitung:**

Tomaten waschen, Strunk entfernen, in nicht zu kleine Stücke schneiden.

> ➤ **Für den Dressing:**

Den Zitronensaft mit dem Joghurt und den Gewürzen (ohne die Petersilie) verrühren. Die Sesamsaat in einer Pfanne ohne Fett bei mittlerer Hitze einige Minuten goldbraun anrösten und zu der Joghurtmischung geben. Die Tomaten mit dem Dressing und der gehackten Petersilie vorsichtig vermengen und auf zwei Tellern anrichten.

Darauf legen Sie die Hackfleischbällchen.

Siehe Rezept auf Seite 8

Tofubällchen Gratiniert auf Eisbergsalat

> **Zutaten:**

½ Eisbergsalat

3 große Tomaten

3 Zucchini

200 g Tofu

100 g geriebenen Parmesan

1 Zwiebel, 1 Knoblauchzehe

3 Zweige Thymian

30 g gemahlene Mandeln

1 Ei

3 EL Olivenöl

½ TL Salz (3 mal)

2 – 3 Prisen Pfeffer (2 mal)

2 – 3 Prisen Chilipulver

> **Zubereitung:**

Eisbergsalat putzen, waschen und in große Stücke reißen. Auf zwei Teller legen. Zucchini waschen, putzen und in feine Scheiben schneiden, in eine hohe Backform geben, mit Salz und Pfeffer mischen.

Tomaten waschen, fein würfeln und die Stielansätze entfernen, Zwiebel und Knoblauch schälen und fein hacken. Den Thymian waschen, trocken schütteln und Blättchen abstreifen. Tomaten, Zwiebel, Knoblauch und Thymian mit 2 EL Öl vermischen, salzen, pfeffern und auf den Zucchini verteilen.

Tofu mit der Gabel fein zerdrücken, mit Parmesan, Mandeln, Ei, Salz und Chilipulver sehr gründlich mischen und zu kleinen Bällchen (tischtennisballgroß) formen, auf dem Gemüse verteilen, mit dem restlichen Öl beträufeln und im Backofen bei 200 Grad 35 Minuten backen. Die Tofubällchen auf dem Salat verteilen.

Falafel auf Salat

> ## Zutaten:

½ Eisbergsalat

300 g getrocknete Kichererbsen

1 EL Eiweißpulver

1 TL Backpulver

1 Knoblauchzehe, 1 Lauchzwiebel

2 Zitronen

1 kleiner Bund Petersilie, 2 Stängel Koriandergrün

2 TL gemahlener Kreuzkümmel, 1 TL gemahlener Rosmarin

1 TL Paprikapulver (süß), ½ TL Cayennepfeffer

½ TL Salz, 2 – 3 Prisen Pfeffer

Öl zum Frittieren (zirka ½ L)

2 – 3 EL Wasser

> ## Zubereitung:

Eisbergsalat putzen, waschen und in große Stücke reißen. Auf zwei Teller verteilen. Kichererbsen 14 Stunden in reichlich Wasser einweichen. Die Lauchzwiebel, den Knoblauch schälen, grob würfeln. Petersilie und Koriander waschen, die Blätter von den Stielen zupfen und grob hacken. Die Zitrone auspressen.

Einweichwasser von den Kichererbsen abgießen und diese mit den Kräutern und Knoblauch fein pürieren. Dabei den Zitronensaft und etwas Wasser (2 – 3 EL) zugeben. Die Gewürze hinzufügen und mit Salz und Pfeffer würzen. Eiweißmehl und Backpulver untermischen. In einem kleinen Topf (zirka 5 cm hoch) das Öl erhitzen. Aus dem Kichererbsenteig walnussgroße abgeflachte Bällchen formen.

Mit einem Holzstäbchen testen, ob das Fett heiß genug ist. Wenn die Bläschen an dem Stäbchen aufsteigen, ist die richtige Temperatur erreicht.

Die Kichererbsen-Bällchen im heißen Fett portionsweise zirka 5 Minuten frittieren, bis sie goldgelb sind, dabei einmal wenden. Die Bällchen auf dem Salt verteilen.

Tofu- Champignons- Lauch-Saté

➢ **Zutaten:**

20 kleine Champignons

400 g Tofu

2 dünne Stangen Lauch, 1 Zwiebel

5 EL Sojasoße, 2 Zitronen, 1 EL Essig

7 EL Olivenöl

4 gehäufte EL Erdnussmus (zirka 200 g)

1 TL Chilipulver, 1 TL Ingwerpulver

1 EL Honig

½ TL Salz, 2 – 3 Prisen Pfeffer

20 Holzspießchen, 300 ml Wasser

➢ **Zubereitung:**

Den Lauch waschen, in 20 Stücke schneiden. Die Stücke in ein Metallsieb oder einen Siebeinsatz geben und über kochendem Wasser im geschlossenen Topf zirka 4 Minuten dämpfen. Die Champignons putzen und den Tofu in 20 Stücke schneiden. Die Zitronen auspressen.

6 EL Zitronensaft, 3 EL Sojasoße, 4 EL Öl, Ingwer- und Chilipulver, Honig und mit Salz und Pfeffer verrühren. Tofu, Champignons und Lauch mit der Marinade übergießen und durchziehen lassen.

Inzwischen für die Erdnusssoße die Zwiebel schälen, fein hacken und in 1 EL Öl kurz dünsten. Das Erdnussmus, 300 ml Wasser, die Chilisoße, den Essig und 1 EL Sojasoße dazugeben und verrühren. Bei mittlerer Hitze zirka 3 Minuten schwach kochen lassen, mit Salz und Pfeffer abschmecken.

Den Tofu, die Champignons und den Lauch abwechselnd auf Holzstäbchen spießen (den Lauch quer zur Schnittfläche aufspießen). Die Spieße portionsweise in 2 EL Öl bei mittlerer Hitze zirka 7 Minuten rundum goldgelb braten und mit der Soße servieren.

Low Carb Döner mit Eiweißpulver (Mehlersatz)

➢ **Zutaten:**

400 g Hähnchenbrust

3 Eier

6 Scheiben Salatgurke, Ein paar Salatblätter (z.B. Eisberg)

2 Eier

1 Tomate, 1 Zwiebel

100 g Kräuterquark, 100 g Quark

3 - 4 EL Eiweißpulver (neutral)

2 EL Butter

½ Pack Backpulver

50 ml Mineralwasser

2 EL Olivenöl

½ TL Salz (2 x), 2 Prisen Pfeffer (2 x), ½ TL Knoblauchpulver

½ TL Zwiebelpulver, 1 EL Petersilie (getrocknet)

2 – 3 Spritzer Süßstoff

➢ **Zubereitung:**

Für das Fladenbrot: Eiweißpulver und Backpulver in eine Schüssel geben und vermischen. Magerquark, Eier und die zerlassene, kalte Butter hinzugeben und unterrühren. Den Teig mit Salz und Pfeffer, Knoblauchpulver, Zwiebelpulver und 1 TL getrockneter Petersilie würzen. Zwei runde Backformen (Durchmesser: Zirka 13 cm) mit Öl einstreichen und den Teig hinein geben. Der Teig sollte zirka 1 cm hoch sein. Bei 180 Grad zirka 15 Minuten backen. Während des Backens die Hähnchenbrust mit 1 EL Olivenöl in einer Pfanne anbraten und bei niedriger Hitze garen. Mit Salz und Pfeffer würzen.

Für die Soße: Kräuterquark, Mineralwasser, Knoblauchpulver, Zwiebelpulver, Salz, Pfeffer und etwas Süßstoff vermischen. Die Hähnchenbrust, Zwiebel und Tomate in dünne Scheiben schneiden. Fladenbrote aufschneiden mit Fleisch, Gurken, Salat und Gemüse füllen und die Soße darüber geben.

LC-Hot Dog

➢ **Zutaten für 4 Brötchen:**

4 Würstchen

4 Eier

50 g geschmolzene Butter

100 g Kokosflocken

180 g gemahlene Mandeln

2 EL Eiweißpulver (neutral)

200 ml heißes Wasser

2 EL Kräuter (getrocknet)

2 TL Senf (mild)

3 TL Backpulver

1 TL Thymian

½ TL Salz

1 Prise Pfeffer

➢ **Zubereitung:**

Die Eier mit der Butter, Senf und Wasser schaumig schlagen. In einer zweiten Schüssel die trockenen Zutaten mischen, nach und nach zur Ei-Mischung geben, 30 Minuten ruhen lassen. Wenn der Teig noch zu matschig ist, geben Sie 1 – 2 EL Eiweißpulver dazu.

Vier längliche Brötchen formen und für 20 Minuten bei 200 Grad in den Ofen geben. Nach Geschmack belegen. Mit Käse schmecken sie auch sehr gut.

Tipp: Belegte Brötchen schmecken immer gut mit Salatblättern, Radieschen, Gurken.

14

Mandel- Champignon-Torte

> **Zutaten:**

300 g Champignons

2 rote Paprikaschoten

100 g Räucherspeck

4 Eier

1 Zwiebel

200 g gemahlene Mandeln, 100 g gemahlene Haselnüsse

2 EL Eiweißpulver

200 geriebener Hartkäse

½ TL Salz (2 x), 2 – 3 Prisen Pfeffer (2 x)

2 EL Olivenöl für die Form, 2 EL Wasser

> **Zubereitung:**

Geputzte Champignons in Scheiben schneiden, gewaschene Paprikas und Zwiebel klein würfeln. Den gewürfelten Speck in einer Pfanne mit 1 EL Olivenöl knusprig ausbraten.

Champignons und Zwiebel dazugeben und alles bei schwacher Hitze zirka 20 Minuten braten, dabei die Feuchtigkeit verdampfen lassen, vom Herd nehmen und mit Salz und Pfeffer würzen.

Die Form ölen, die Eier trennen. Die Eiweiße zu steifem Schnee schlagen, die Eigelbe mit 2 EL warmem Wasser cremig schlagen, mit Salz und etwas Pfeffer würzen, den Eischnee vorsichtig unterheben.

Das Eiweißpulver mit den gemahlenen Mandeln mischen und darüber streuen. Alles vorsichtig vermischen und den Teig in der vorbereiteten Form glatt streichen. Den Boden im Backofen bei 180 Grad zirka 12 Minuten vorbacken. Den Boden aus dem Ofen nehmen, die gemahlenen Haselnüsse auf den Teig streuen und 100 g Hartkäse mit der Gemüsemischung mischen und auf dem Boden verteilen. Den restlichen Käse darauf streuen. Den Kuchen noch 20 Minuten bei 180 Grad backen.

Die Torte in Stücke schneiden.

Pfannkuchen mit türkischen Würstchen

➢ **Zutaten:**

4 Eier

4 SUCUK (türkische Würstchen aus Rind, Lamm und Geflügel)

1 Möhre

1 Zwiebel

1 Zucchini

1 rote Paprika

2 EL schwarze Oliven (ohne Kerne)

4 EL geriebener Käse

100 ml Sahne

3 – 4 Prisen Pfeffer

½ TL Salz

2 EL Schnittlauch

2 EL Olivenöl

➢ **Zubereitung:**

Ein hohes Backblech mit Olivenöl bestreichen.

Würste, Oliven, Zwiebel, Zucchini, Paprika und Karotte würfeln (NICHT den Schnittlauch). Alles auf ein Backblech geben.

Teig für den großen Pfannkuchen (für den Backofen):

Eier, Sahne, Pfeffer und Salz mischen, alles über die Masse geben und mit geriebenem Käse bestreuen.

Im Backofen bei 200 Grad zirka 25 Minuten backen.

Mit Schnittlauch bestreuen und in Stücke schneiden.

Ricotta-Frischkäse-Käsekuchen

> **Zutaten:**

1 kleine Springform

Zutaten für den Teig:

100 g gemahlene Mandeln

2 EL Kokosflocken

60 g Xucker/Sukrin (Süßstoff)

60 g geschmolzene Butter

1 Prise Salz

> **Zubereitung:**

Alle Zutaten mischen und in eine gefettete Backform geben.

> **Zutaten für den Belag:**

3 Eier

100 g Frischkäse

250 g Ricotta

1 EL Eiweißpulver (Vanille)

50 ml Sahne

2 EL Xucker/Sukrin

3 – 4 Tropfen Backaroma (Vanille)

1 TL Zitronensaft

> **Zubereitung:**

Eiweiß steif schlagen, alle anderen Zutaten mischen und das Eiweiß unterheben. Auf den Boden geben und bei 160 Grad im Backofen zirka 50 Minuten backen.

Im Kühlschrank 2 – 3 Stunden abkühlen lassen. In Stücke schneiden.

Curry-Bällchen auf Salat

➢ **Zutaten:**

400 g gemischtes Hackfleisch

½ Eisbergsalat

2 getrocknete Chilischoten

1 Ei

1 Zwiebel (klein würfeln), 1 Knoblauchzehe klein hacken

1 TL gehackte Ingwerwurzel

½ TL Salz

2 – 3 Prisen Pfeffer

2 EL Curry

3 EL Öl

2 EL Kokosnussflocken (und 2 EL zum Verzieren)

1 ½ Liter Brühe

➢ **Zubereitung:**

Eisbergsalat putzen, waschen und in grobe Blätter teilen. Auf zwei Teller verteilen.

Hackfleisch mit dem Ei, den Gewürzen, und den Kokosnussflocken vermischen. Kleine Fleischbällchen formen und kurz in der Pfanne anbraten.

Die Brühe erhitzen und die kleinen Fleischbällchen einlegen und 15 Minuten auf kleiner Flamme ziehen lassen. Abkühlen lassen und auf dem Salat anrichten.

Mit den Kokosraspeln bestreuen.

Low Carb Falafel mit Joghurt-Dipp

➢ **Zutaten:**

500 g Wirsing

200 g gemahlene Mandeln

3 – 4 EL Eiweißpulver (neutral)

100 g Sesamkörner, 500 ml Gemüsebrühe

1 Ei, ½ TL Salz

Zirka 1 kg Öl (Palmfett) zum Frittieren

➢ **Zubereitung:**

Küchenfertiger Wirsing in breite Streifen schneiden (zirka 2 cm) und in der Brühe 25 Minuten gar kochen, abgießen und in eine große Schüssel geben. Hinzu kommen Eier, Eiweißpulver, gemahlene Mandeln, Sesam und Salz. Der Teig muss sich formen lassen, evtl. noch 1 – 2 EL Eiweißpulver dazu geben. In zirka 2 cm große Bällchen formen. Im heißen (nicht kochen) Öl frittieren bis sie leicht braun sind.

Joghurt-Dipp

➢ **Zutaten:**

500 g Natur-Joghurt, 200 g Sahne

1 Bund Koriander (oder 2 EL getrockneter Koriander)

1 Bund Pfefferminze (oder 2 EL getrocknete Pfefferminze)

1 Bund Petersilie (oder 2 EL getrocknete Petersilie)

1 EL Zitronensaft, 2 Spritzer flüssiger Süßstoff

½ TL Salz, 2 Prisen Pfeffer, ½ TL Chilipulver

½ TL Oregano, ½ TL Thymian

➢ **Zubereitung:**

Den Joghurt mit der Sahne cremig rühren. Die Kräuter, Süßstoff, Zitronensaft und Gewürze hinzu geben.

Sauerkraut-Tofu-Bratlinge auf Salat

➢ **Zutaten:**

½ Kopfsalat

1 kleine Dose Sauerkraut

200 g Räuchertofu

2 Zwiebeln

3 Eier

4 EL Frischkäse

120 g saure Sahne

2 TL Zitronensaft

5 EL Olivenöl

1 TL gemahlener Koriander, ½ TL gemahlener Kreuzkümmel

½ TL Currypulver, ½ TL Paprikapulver

2 – 3 Prisen Chillipulver (Schärfe 7 – 8)

½ TL Salz, 3 Prisen Pfeffer

2 EL frischer Schnittlauch

➢ **Zubereitung:**

Salat putzen, waschen und in große Stücke schneiden. Auf zwei Teller verteilen.

Das Sauerkraut gut ausdrücken und klein schneiden. Den Räuchertofu mit einer Gabel zerdrücken. Zwiebeln schälen und in kleine Würfel schneiden.

Sauerkraut, Tofu und Zwiebeln in einer Schüssel mischen und die Eier, saure Sahne, Frischkäse, Kreuzkümmel, Koriander, Paprikapulver, Chillipulver und Currypulver zufügen. Mit Salz, Pfeffer und Zitronensaft abschmecken.

Bratlinge formen. Eine große Pfanne heiß werden lassen, das Olivenöl hinzu geben und die Bratlinge von beiden Seiten mehrere Minuten anbraten.

Schnittlauch waschen und in kleine Stifte schneiden und über die Bratlinge streuen. Auf dem Salat servieren.

Feta-Schnitzel mit Eiweißpulver

> ➤ **Zutaten:**

500 g Fetakäse

3 EL frischen Schnittlauch

1 kleine Zwiebel

3 Eier

4 EL gemahlene Mandeln

21 gehäufte EL Eiweißpulver (neutral)

1 TL Chillipulver

1 TL Paprikapulver (süß)

2 – 3 Prisen Salz

2 – 3 Prisen Pfeffer

½ TL gemahlener Ingwer

3 EL Olivenöl

> ➤ **Zubereitung:**

Die Eier in einer Schüssel mit den Gewürzen (ohne den Schnittlauch) verquirlen.

Zwiebel sehr fein schneiden und zu den Eiern geben.

Eiweißpulver und die gemahlenen Mandeln in eine zweite Schüssel geben.

Den Fetakäse zuerst im Ei, dann in dem Eiweiß/Mandelmehl wälzen.

Pfanne heiß werden lassen und das Olivenöl hinzu geben.

Den Fetakäse in der Pfanne von beiden Seiten vorsichtig goldgelb backen.

Mit den Schnittlauchröllchen bestreuen. Wie in den vorherigen Rezepten können Sie die Schnitzel auf Salat betten.

Schnitzel mit Zitronengras

> ## Zutaten:

4 dünne Schweineschnitzel

2 Eier

6 EL gemahlene Mandeln

2 EL Eiweißpulver

2 EL Zitronengras

½ TL Salz, ½ TL Pfeffer, ½ TL Chillipulver

½ TL Knoblauchpulver, ½ TL Curry, ½ TL Paprikapulver (süß)

½ TL Knoblauchpulver

4 EL Olivenöl

> ## Zubereitung:

Schnitzel in viele kleine Stücke zerteilen.

Das untere Ende des Zitronengras dünn abschneiden und die harten Außenblätter entfernen. Sehr kleine Ringe schneiden. (Sie sollten 2 EL Zitronengras in die Eimasse geben.)

Stellen Sie zwei Schüsseln bereit. In die eine Schüssel geben Sie gemahlene Mandeln, in die andere Schüssel die Eier und die Gewürze und schlagen mit einer Gabel oder einem Schneebesen die Ei-Masse schaumig. Die kleinen Schnitzel zuerst in die Ei-Masse geben und dann mit den Semmelbröseln panieren.

Eine Pfanne heiß werden lassen und das Öl hinzu geben.

Die Schnitzel vorsichtig in die Pfanne legen.

Auf mittlerer Stufe die Schnitzel auf jeder Seite zirka 4 Minuten braten. Vorsichtig wenden.

Nehmen Sie einen großen Teller und belegen Sie ihn mit Haushaltspapier. Diese Papiertücher (von der Rolle) saugen viel Fett auf. Darauf geben Sie die fertigen Schnitzel.

Hähnchenbrustfilet im Nussmantel

➢ **Zutaten:**

1 Kopfsalat

500 g Hähnchenbrustfilet

120 g gemahlene, gemischte Nüsse

2 EL Eiweißpulver

2 EL Zitronensaft

½ TL Salz

½ TL Pfeffer

1 TL Currypulver

3 Eiweiß

3 EL Olivenöl

➢ **Zubereitung:**

Salat putzen, waschen und in lose Blätter zupfen. Auf zwei Teller verteilen.

Hähnchenbrustfilet in Stücke schneiden und mit den Gewürzen und dem Zitronensaft würzen.

Nussmischung in eine Schüssel geben. Eiweiß steif schlagen.

Hähnchenstücke durch das Eiweiß ziehen und in der Nussmischung wenden.

Pfanne heiß werden lassen, Öl hinzu geben und die Hähnchenstücke portionsweise bei mittlerer Hitze goldgelb braten und auf dem Salat anrichten.

Mandel-Cracker

> **Zutaten:**

500 g gemahlene Mandeln

100 g Sojamehl

150 g Gluten (Weizenkleber)

100 g Butter

4 Eier

2 Eiweiße zum Bestreichen

1 EL Salz, 1 EL Kümmel,

3 EL Sesamkörner

2 EL Steviastreusüße

2 – 3 gehäufte EL Eiweißpulver

100 ml Sahne

100 g geriebenen Käse

> **Zubereitung:**

Gemahlene Mandeln, Sojamehl und das Gluten mischen und die zerlassene Butter, Eier, Süßstoff und Salz zu einem Teig verkneten. Eventuell (nur wenig) Sahne hinzu geben.

30 Minuten im Kühlschrank ruhen lassen.

Den Teig zirka 3 mm ausrollen. Wenn sich der Teig nicht gut rollen lässt, etwas Eiweißpulver hinzu geben und wieder kneten.

Runde Taler ausstechen (Schnapsglas) und sie auf ein Backblech (mit Backpapier) legen. Mit Eiweiß bestreichen und mit Käse, Kümmel oder Sesam belegen.

Im vorgeheizten Backofen bei 220 Grad zirka 16 Minuten backen.

Low Carb Fladenbrot

➢ **Zutaten:**

200 g Frischkäse

6 Eier

1 EL Sesamkörner, 1 EL Leinsamen

1 P Backpulver, ½ TL Salz, 1 EL Olivenöl

➢ **Zubereitung:**

Eier trennen und das Eiklar sehr steif schlagen. In einer zweiten Schüssel das Ei-
gelb und den Frischkäse schaumig rühren. Sesamkörner, Leinsamen und Salz dazugeben, Eischnee vorsichtig unterheben. Backpapier mit dem Olivenöl einstreichen.
Auf dem Backblech 6 platte Häufchen verteilen und bei 160 Grad zirka 25 – 30
Minuten backen.

Kichererbsen-Brot

➢ **Zutaten:**

400 g Kichererbsenmehl

200 g Butter

1 TL Salz, 2 TL Natron

10 Eier

4 EL grob gemahlene Haselnüsse

➢ **Zubereitung:**

Eier trennen, Eiweiß steif schlagen. Restliche Zutaten (nur 2 EL Nüsse) miteinander verrühren, Eiweiß unterheben. Kastenform mit Butter einstreichen und mit 2
EL Haselnüssen ausstreuen, den Teig einfüllen. Bei 180 Grad zirka 50 Minuten
backen.

Mandel-Muffinbrot

➢ **Zutaten:**

5 Eier

200 g Joghurt, 100 g geschmolzene Butter

2 TL Natron, 2 TL Salz

800 g gemahlene Mandeln

200 g Sonnenblumenkerne, 200 g Sesam

➢ **Zubereitung:**

Die Eier und den Joghurt cremig rühren und die restlichen Zutaten hinzugeben. In Papier-Muffins füllen und bei 170 Grad zirka 40 Minuten backen.

Haselnuss-Möhren-Muffins

➢ **Zutaten:**

250 g geraspelte Möhren

4 Eier (Eiweiß schaumig rühren)

50 g flüssige Butter

4 TL flüssiger Süßstoff

400 g gemahlene Haselnüsse

2 TL Zimt, 1 Prise Salz

➢ **Zubereitung:**

Eier schaumig rühren und die restlichen Zutaten darunter mischen. Zum Schluss das Eiweiß unter heben. In die Muffins-Form (mit Papier) füllen und bei ca. 165 Grad 30 - 40 Minuten backen.

Beerenbrot mit Eiweißpulver

> ### ➢ Zutaten:

200 g Eiweißpulver (Neutral)

200 g Beerenobst (tiefgekühlt)

200 g Quark

2 Eier

1 P Backpulver

2 Prisen Salz

2 – 3 Spritzer flüssiger Süßstoff

1 EL Olivenöl

> ### ➢ Zubereitung:

Die Beeren pürieren und mit den restlichen Zutaten mischen.

Zu einem Teig kneten. Sollte dieser zu klebrig sein, kann man noch 1 – 2 EL Eiweißpulver hinzufügen. Den Teig zu einem Brot formen (oder in kleinere Brötchen).

Das Backblech mit Backpapier belegen und leicht mit Olivenöl einstreichen. Das Brot darauf legen und auf mittlerer Schiene bei 170 Grad zirka 35 – 40 Minuten backen. Die Brötchen brauchen zirka 15 Minuten.

Körnerbrot ohne Gluten für alle Gerichte

Menge: Ergibt 10 Brote à 400 g / Pro Brot 8 - 10 Scheiben

Pro 1 Scheibe = 12 KH

➢ **Zutaten:**

500 g Sesamkörner

500 g Leinsamen

200 g Sonnenblumenkerne

600 g gem. Mandeln, 700 g Eiweißpulver

6 Päckchen Trockenhefe

1 gehäufter EL Salz

6 Eier

250 ml Bio-Olivenöl

750 g sehr warmes Wasser

➢ Zubereitung:

Eine sehr große Schüssel nehmen, alle trockenen Zutaten (auch die Trockenhefe) hinein geben und gut durchmischen. Anschließend alle nassen Zutaten hinzu geben und gut durchkneten.

Der Teig bröselt etwas. Auf einer Waage je 400 g abwiegen und zu einer länglichen (Durchmesser: ca. 7 - 8 cm) Rolle formen.

Die Rolle ist ca. 13 - 15 cm lang.

Auf ein Backblech (mit Papier auslegen, NICHT einfetten) passen 6 Brote. Backzeit: ca. 45 Minuten bei 180 Grad. Jedes Brot in ca. 8 - 10 Scheiben schneiden und einfrieren (Zwischen jede Scheibe ein kleines Stück Alufolie legen).

Frisch hält sich das Brot ca. 3 - 4 Tage! Gefroren nach Bedarf auf den Toaster legen und jede Seite einmal toasten.

Tipp: Bestreichen Sie ein paar Scheiben des Brotes leicht mit Tomatenmark und legen es auf ein Backblech (mit Backpapier). Mit Gewürzen wie: Etwas Salz, Pfeffer, Paprika und Pizza-Gewürz würzen und dann mit Käse im Backofen bei 160 Grad 10 Minuten überbacken. Dazu Salat reichen.

Low Carb Brot mit Käse

> **Zutaten:**

4 Scheiben Low Carb Brot (Siehe Seite 29 Brotrezept)

4 Scheiben Käse

3 Eier

250 ml flüssige Sahne

1 EL Zitronensaft

1 Prise Muskatnuss

1 TL Paprikapulver (süß)

1 TL Senf (süß), ½ TL Tomatenmark

½ TL schwarzer gemahlener Sesam

2 – 3 Prisen Pfeffer, 1 TL Salz

4 EL Olivenöl

3 EL frische Petersilie

> **Zubereitung:**

Die Eier in einem hohen Gefäß mit der Sahne und dem Zitronensaft und den Gewürzen und dem Tomatenmark verquirlen.

Brot darin einweichen, bis es vollgesogen ist.

Eine hohe Pfanne heiß werden lassen, das Olivenöl hinzufügen und das vollgesogene Brot hinein legen.

Von beiden Seiten knusprig ausbacken.

Vorsichtig das Brot wenden.

Die Käsescheiben auf die Brotscheiben legen und die Brathitze etwas reduzieren.

Den Käse in der Pfanne langsam auf den Brotscheiben schmelzen lassen.

Brotscheiben auf die Teller legen und mit der Petersilie dekorieren.

Hefeteig für Pizza und Kuchen

> ## Zutaten:

200 g gemahlene Mandeln

50 g Eiweißpulver

150 g Gluten

1 Ei

30 ml Sahne

120 ml Wasser

20 g Trockenhefe

20 g Butter

½ TL Salz.

> ## Zubereitung:

Wasser, Sahne und das Ei verrühren und erwärmen.

Dann die Hefe hinein bröckeln mit einer Prise Zucker. Die gemahlenen Mandeln, Eiweißpulver und Gluten in eine Schüssel sieben, eine Mulde hineindrücken und dort die Hefemasse hinein geben.

Das Ganze abgedeckt an einem warmen Ort für etwa 30 Minuten gehen lassen.

Die Butter, und eine Prise Salz zum Vorteig geben und das Ganze zu einem glatten Teig kneten.

Diesen Teig zugedeckt an einem warmen Ort gehen lassen, bis sich das Volumen verdoppelt hat.

Den Teig anschließend noch einmal durchkneten.

Als Pizza: (Grundteig siehe Seite 31)

➢ **Zutaten:**

1 EL Tomatenmark

2 EL Pizzagewürz

Zirka 100 g Salami (oder gekochten Schinken)

1 kleine Dose Tomatenstücke

200 g geriebener Käse

➢ **Zubereitung:**

1 EL Tomatenmark auf dem Boden verstreichen und mit Pizzagewürz würzen. 2 – 3 EL Tomatenstücke aus der Dose darauf verteilen, mit Salami, Pilze belegen und geriebenen Käse darüber streuen. Im Backofen bei 220 Grad zirka 15 – 20 backen.

Als Kuchen: (Grundteig siehe Seite 31)

➢ **Zutaten:**

Obst aus der Dose (gut abtropfen lassen)

Oder frische Erdbeeren, Äpfel

➢ **Zubereitung:**

Obst auf den Kuchen legen und im Backofen bei 170 Grad zirka 20 – 30 Minuten backen. Schmeckt gut mit Quark.

Russischer Zupfkuchen

➤ **Zutaten für den Boden:**

100 g Butter

100 g gemahlene Mandeln

100 g gemahlene Haselnüsse

100 g Eiweißpulver (Schoko)

4 EL flüssiger Süßstoff

➤ **Zubereitung:**

Der Teig wird krümelig. Butter schmelzen. Die Hälfte vom Teig (Krümeln) in die gefettete (mit Mandeln paniert) Springform (18 cm Durchmesser) geben und andrücken.

➤ **Zutaten für den Belag:**

4 Eier (Eiweiß schaumig rühren)

500 g Quark (20%)

1 Päckchen weiße Sofort-Gelatine

4 EL flüssiger Süßstoff

1 TL Kakao (Zuckerfrei)

➤ **Zubereitung:**

Eier trennen, Eiweiße schaumig rühren.

Die Masse auf den Boden geben und glatt streichen. Eiweiß darunter heben.

Zu der zweiten Hälfte des Teiges 1 TL Kakao und ein wenig Sahne dazu geben und kleine flache Kleckse auf den Käsebelag legen.

Bei 180 Grad ca. 1 Stunde backen. Backofen abstellen. Den Kuchen noch im geschlossenen Backofen 10 Minuten abkühlen lassen.

Das Eiweißpulver

Eiweißpulver (Proteinpulver) als Mehlersatz

Das Eiweißpulver ist das Multitalent

der kohlenhydratreduzierten Küche.

Eiweißpulver als Mehlersatz wird immer beliebter in der Low Carb Ernährung.

Das Pulver hat je nach Firma einen Kohlenhydratwert von zirka 0,8 bis 5,0 pro 100 g.

Es wird von Sportlern „eigentlich" für den Muskelaufbau benutzt und eignet sich aber auch sehr gut zum Backen und Kochen in einer kohlenhydratarmen Ernährung.

Man bekommt dieses Pulver in allen möglichen Geschmacksrichtungen (auch mit neutralem Geschmack) und kaufen kann man es in Sportgeschäften, Bodybuildershops, großen Supermärkten und Reformhäusern.

Wer mehr Infos über das Eiweißpulver erfahren möchte, gibt dieses Wort einfach als Suchfunktionswort ein.

Süßstoff

Der Süßstoff ist oft ein künstlicher Ersatzstoff für den Zucker.

In Diät-Produkten setzt die Nahrungsmittelindustrie gerne den Süßstoff anstelle von Zucker ein, da er nur wenig oder keine Kalorien liefert.

Es wird vermutet, dass die Süßstoffe den Botenstoff "Serotonin" im Gehirn nicht anregen können. Serotonin ist der Botenstoff für das Wohlbefinden.

Süßstoffe enthalten keine Glukose und dienen Diabetikern bei Süßspeisen und Getränken als Alternative zum Zucker. Es gibt sie in Tablettenform, Streusüße oder Flüssigsüße. Für bestimmte Geschmacksrichtungen werden oft verschiedene Süßstoffe und Zuckeraustauschstoffe miteinander gemischt.

Zum Beispiel: STEVIA

In den Medien wird die Stevia-Pflanze, die von einem schweizer Botaniker im Jahr 1887 entdeckt wurde, schon lange diskutiert. Es ist bis heute NICHT wissenschaftlich belegt, dass „Stevia" trotz der hohen Süßkraft auch zahnschonend ist und sogar die Vermehrung der Kariesbakterien hemmt.

Das Süßkraut „Stevia" verspricht ein gesunder Zuckerersatz ohne Kalorien zu sein und dies ganz natürlich und pflanzlich.

Der aus einer in Südamerika heimischen Pflanze (Steviarebaudiana) gewonnene Stoff ist europaweit als Süßstoff zugelassen.

Stevia wächst als Staude im Gebiet der Amambai-Bergkette im paraguayisch-brasilianischen Grenzgebiet. Den Ureinwohnern ist diese süßende Wirkung seit Jahrhunderten bekannt.

Im Jahr 1887 entdeckte ein schweizer Botaniker „Moises Giacomo Bertoni" diese Pflanze und gab ihr 1905 den Namen „Steviarebaudiana Bertoni".

Im Zweiten-Weltkrieg wurde Stevia in Europa unter der Leitung „Royal Botanical Gardens in Kew" angebaut und 1952 bestimmte das „US-Amerikanische National Institute of Arthritis and Metabolic Diseases" die Hauptbestandteile dieser Pflanze.

1954 begann in Japan der Anbau (Im Jahr 1981 wurden 2000 Tonnen verbraucht) und seit Anfang 1970 wird die Pflanze auch in China produziert.

Die Lebensmittelchemiker werden wohl noch eine Menge Schokolade, Marmelade und Frühstücksflocken probieren müssen, bevor Stevia wirklich in aller Munde ist.

Bedenken, dass Stevia krebserregend und erbgutschädigend sei, hat die Europäische Behörde für Lebensmittelsicherheit „EFSA" 2010 in einem Gutachten ausgeräumt.

In der Werbung heißt es, dass „Stevia" blutzucker- und blutdrucksenkend, gefäßerweiternd, Zahnbelag hemmend und antimikrobiell sei, diese Wirkungen sind jedoch wissenschaftlich umstritten.

Steviolglycoside werden durch chemische Verfahren gewonnen, die mit „Natürlichkeit" wenig zu tun haben und dürfen daher nicht als „natürliche Süßstoffe" bezeichnet werden.

Wie alle anderen Süßstoffe, zählen sie zu den Zusatzstoffen und müssen in der Zutatenliste als „Süßstoff Steviolglycoside" oder „Süßstoff E 960" gekennzeichnet werden.

Sicher ist auf jeden Fall, dass Stevia eine schöne Balkonpflanze ist und dass man mit den süßen, frischen Blättern den Tee und Nachtisch süßen kann.

Aus Kostengründen sind diese Buchtipps in Schwarz-Weiß-Abbildungen

Autoren: Sabine Beuke & Jutta Schütz
Verlag: Books on Demand

ISBN-10: 3842383177, 13: 978-3842383173   ISBN-10: 3738636773, 13: 978-3738636772

In den aktuellen wissenschaftlichen Studien setzt sich immer mehr die Meinung durch, dass die Kohlenhydrate Mitverursacher ernährungsbedingter Zivilisationskrankheiten sind. Low Carb (Kohlenhydratarme Ernährung) korrigiert den gestörten Stoffwechsel und der Blutzucker wird durch diese Ernährungsweise stabilisiert.

Viele Gemüsesorten sind richtige Multi-Gesundheitstalente. Sie hemmen Entzündungen, stärken das Immunsystem und beugen Herz-Kreislauf-Erkrankungen vor.

Die Low Carb Bücher der Autorinnen „Sabine Beuke & Jutta Schütz" haben sich einen festen Platz in den Bestsellerlisten und in der Presse erobert.

Die Bücher sind auch als E-Book käuflich auf dem download-Portal von itunes.apple.com, verfügbar, sowie auch auf dem iPhone, iPad oder iPod touch. Überall im Handel erhältlich (auch in den USA, Kanada und Australien).

Rezepte für Berufstätige

42 Rezepte
ISBN-10: 3732243281 und
ISBN-13: 978-3732243280

25 Rezepte
ISBN-10: 3734754755 und
ISBN-13: 978-3734754753

20 Rezepte
ISBN-10: 3744818543
ISBN-13: 978-3744818544

Selbst kochen und Zeit sparen erfordert eine gute Planung. Mit den richtigen Rezepten macht das Kochen Spaß und in diesem Koch/Back-Buch kommen auch Vegetarier nicht zu kurz.

Auch für Berufstätige gibt es pfiffige Low Carb Rezepte (Kohlenhydratarme Küche). Sie lassen sich vielseitig kombinieren und man kann sie auch einfrieren oder aufwärmen.

Wenn es um unsere Gesundheit, Wohlbefinden und die Leistung im Alltag geht, ist es wichtig, dass wir uns gesund ernähren. Dieses Buch liefert Ihnen 20 leckere und einfache Low Carb Rezepte (mit KH- und Zeit-Angaben).

Teil 1

Teil 2

Teil 3

Buch 1 (links): Histaminintoleranz nennt man auch Histaminunverträglichkeit (HIT). Sie gleicht einer Allergie, Erkältung oder Lebensmittelvergiftung. Menschen mit Histaminintoleranz leiden nach dem Genuss bestimmter Nahrungsmittel zum Beispiel an: Hautausschlag/Hautrötung, Quaddeln und Schwellungen, Nesselsucht (Urtikaria), Bauchschmerzen/Bähungen, Durchfall, Übelkeit/Erbrechen, Kopfschmerzen, Herzklopfen, Fliesschnupfen, Müdigkeit, Kreislaufprobleme, Schweißausbrüche, Muskel/Gelenksschmerzen, Hitzewallungen, Stimmungsschwankungen/Weinerlichkeit/Aggressivität, erhöhte Temperatur bzw. grippeartiges Gefühl, Augenjucken, Menstruations-beschwerden.

Histaminarmes LOW CARB (kohlenhydratarm) - Theorie und Praxis
Autorin: Jutta Schütz, Verlag: Books on Demand
ISBN-10: 3738637451 und ISBN-13: 978-3738637458

Buch 3 (rechts): Ein Smoothie ist nichts anderes als ein Getränk bei dem verschiedene Früchte und Gemüse verarbeitet werden. Das Spektrum an Zutaten ist sehr groß. Im Gegensatz zum Fruchtsaft wird das Fruchtfleisch nicht herausgefiltert.

Auch wenn sie teilweise nicht besonders appetitlich aussehen, so sind zum Beispiel die grünen Smoothies kleine Vitaminbomben und können eine ganze Mahlzeit ersetzen. Das Mixen bricht die Zellwände von Obst und Gemüse auf. So spart sich der Körper die anstrengende Verdauungsarbeit und kann die wertvollen Stoffe besonders gut aufnehmen. Dadurch, dass Smoothies den Stoffwechsel anregen, eignen sie sich hervorragend auch zum Abnehmen.

Low Carb Smoothies
Autorin: Jutta Schütz, Verlag: Books on Demand
Paperback, 92 Seiten
ISBN-13: 978-3-7448-2304-3 und ISBN-10: 3744823040

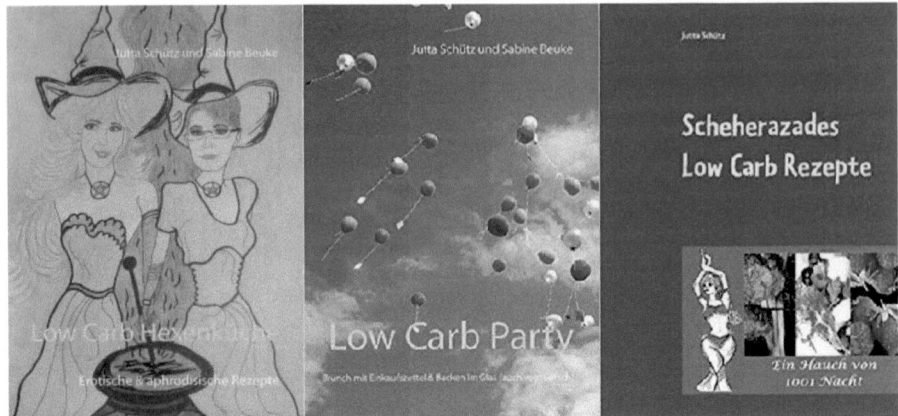

Buch 1 (links): Wer noch auf der Suche nach einem Liebesrezept für sein Herzblatt ist, wird in dem Buch „Low Carb Hexenküche" sicherlich fündig werden. Das exklusive Low Carb Kochbuch lädt dazu ein, beim Kochen und Essen mehr Sinnlichkeit und Lust zu erfahren. Die darin enthaltenen 32 Rezepte sind durchweg einfach und unkompliziert in der Zubereitung und so auch für Kochanfänger leicht nachkochbar. Zu der gesunden Low Carb Ernährung gesellen sich aphrodisische Lebensmittel, die vollgepackt sind mit Vitaminen und Mineralstoffen.

Low Carb Hexenküche - Erotische & aphrodisische Rezepte
Autoren: S. Beuke & J. Schütz, Verlag: Books on Demand
ISBN-10: 3732244628 und ISBN-13: 978-3732244621

Buch 2 (mitte): In diesem Gesundheitsbuch "Low Carb Party - Brunch mit Einkaufszettel präsentieren die Autorinnen Jutta Schütz und Sabine Beuke schmackhafte kohlenhydratarme Rezepte und einen tollen Low Carb Brunch für 10 Personen mit dem dazugehörigen Einkaufszettel. Sabine Beuke und Jutta Schütz erklären in diesem Koch/Back-Buch auch das Backen im Glas.

Low Carb Party - Brunch mit Einkaufszettel & Backen im Glas (auch vegetarisch)
Autoren: S. Beuke & J. Schütz, Verlag: Books on Demand
ISBN-10: 3732232506 und ISBN-13: 978-3732232505

Buch 3 (rechts): Die orientalische Küche ist einfach märchenhaft. Das geht auch mit kohlenhydratarmen Rezepten, die auch mit zusätzlichen Beilagen als normale Gerichte verwendet werden können. Dieses Kochbuch ist auch für Diabetiker geeignet. In der Einleitung erzählt die Autorin kurz die Geschichte von Scheherazade. Sie basiert auf einer alten persischen Märchensammlung mit dem Namen „Hezâr Afsâna, Tausend Mythen". Im Anschluss folgen 40 Rezepte und Infos.

Scheherazades Low Carb Rezepte - Ein Hauch von 1001 Nacht
Autorin: Jutta Schütz, Verlag: Books on Demand
ISBN-10: 373573751X und ISBN-13: 978-3735737519